AF295788

EXTRAIT

DU

CODE FORESTIER

DÉPÔT LÉGAL
Eure
No 139
1883

EVREUX

IMPRIMERIE DE L'EURE, L. ODIEUVRE

4 bis, rue du Meilet, 4 bis.

—

1883

EXTRAIT

DU

CODE FORESTIER

EVREUX

IMPRIMERIE DE L'EURE, L. ODIEUVRE

4 bis, rue du Meilet, 4 bis.

—

1883

EXTRAIT

DU CODE FORESTIER

De l'Administration forestière

ARTICLE 2.

Les particuliers exercent sur leurs bois tous les droits résultant de la propriété.

ART. 4.

Les emplois forestiers sont incompatibles avec toutes autres fonctions.

ART. 5.

Les gardes forestiers ne pourront entrer en fonctions qu'après avoir prêté serment devant le tribunal de première instance de leur résidence, et avoir fait enregistrer leur commission et l'acte de prestation de leur serment au greffe du tribunal dans le ressort duquel ils devront exercer leurs fonctions.

Les gardes seront agréés par le sous-préfet de l'arrondissement.

ART. 6.

Les gardes sont responsables des délits, dégâts, abus et abroutissements qui ont lieu dans leurs triages, et passibles des amendes et indemnités encourues par les délinquants, lorsqu'ils n'ont pas dûment constaté les délits.

Ils ne peuvent quitter leur forêt sans en avoir demandé et obtenu l'autorisation.

Des Exploitations

ART. 30.

Les adjudicataires ne pourront commencer l'exploitation de leurs coupes, avant d'avoir obtenu, par écrit, de l'agent forestier, le permis d'exploiter, à peine d'être poursuivis comme délinquants pour les bois qu'ils auraient coupés.

ART. 31.

Chaque adjudicataire sera tenu d'avoir

un facteur ou garde-vente, qui sera agréé par l'agent forestier.

ART. 33.

L'adjudicataire sera tenu de respecter tous les arbres marqués ou désignés pour demeurer en réserve, quelle que soit leur qualification, lors même que le nombre en excéderait celui qui est porté au procès-verbal de martelage, et sans que l'on puisse admettre en compensation d'arbres coupés en contravention, d'autres arbres non réservés que l'adjudicataire aurait laissés sur pied.

ART. 36.

Il leur est interdit (aux adjudicataires) à moins que le procès-verbal d'adjudication n'en contienne l'autorisation expresse, de peler ou d'écorcer sur pied aucun des bois de leurs ventes, sous peine de cinquante à cinq cents francs d'amende.

ART. 37.

Toute contravention aux clauses et conditions du cahier des charges, relativement au mode d'abatage des arbres et au nettoiement des coupes, sera punie d'une amende qui ne pourra être moindre de cinquante

— 4 —

francs ni excéder cinq cent francs, sans préjudice des dommages-intérêts.

Art. 38.

Les agents forestiers indiqueront aux adjudicataires, les lieux où il pourra être établi des fosses ou fourneaux pour charbon, des loges ou des ateliers; il n'en pourra être placé ailleurs, sous peine, contre l'adjudicataire, d'une amende de cinquante francs pour chaque fosse ou fourneau, loge ou atelier établis en contravention à cette disposition.

Art. 39.

La traite des bois se fera par les chemins désignés, sous peine, contre ceux qui en pratiqueraient de nouveaux, d'une amende dont le minimum sera de cinquante francs et le maximum de deux cents francs outre les dommages-intérêts.

Art. 40.

La coupe des bois et la vidange des ventes seront faites dans les délais fixés par le cahier des charges, à moins que les adjudicataires n'aient obtenu de l'administration forestière une prorogation de délai.

Art. 41.

A défaut, par les adjudicataires, d'exécuter, dans les délais fixés par le cahier des charges, les travaux que ce cahier leur impose, tant pour relever et faire façonner les ramiers et pour nettoyer les coupes des épines, ronces et arbustes nuisibles, selon le mode prescrit à cet effet, que pour les réparations des chemins de vidange, fossés, repiquement de places à charbon et autres ouvrages à leur charge, ces travaux seront exécutés à leurs frais, à la diligence des agents forestiers.

Art. 42.

Il est défendu à tous adjudicataires, leurs facteurs et ouvriers, d'allumer du feu ailleurs que dans leurs loges ou ateliers, à peine d'une amende de dix à cent francs, sans préjudice de la réparation du dommage qui pourrait résulter de cette contravention.

Art. 45.

Les adjudicataires, à dater du permis d'exploiter, sont responsables de tout délit forestier commis dans leurs ventes et à l'ouïe de la cognée, si leurs facteurs ou gardes-ventes n'en font leurs rapports, lesquels doivent être remis à l'agent forestier dans le délai de cinq jours.

L'espace appelé l'ouïe de la cognée est fixé à la distance de deux cent cinquante mètres, à partir des limites de la coupe.

Art. 46.

Les adjudicataires et leurs cautions seront responsables et contraignables par corps au paiement des amendes et restitutions encourues pour délits et contraventions commis, soit dans la vente, soit à l'ouïe de la cognée, par les facteurs, gardes-ventes, ouvriers, bûcherons, voituriers et tous autres employés par les adjudicataires.

(Voir le cahier des charges).

Art. 47.

Il sera procédé au récolement de chaque vente dans les trois mois qui suivront le jour de l'expiration des délais accordés pour la vidange des coupes.

Des Droits d'usage

Art. 61.

Ne seront admis à exercer un droit d'usage

quelconque dans les forêts, que ceux dont les droits auront été reconnus fondés, soit par des actes du Gouvernement, soit par des jugements ou arrêts définitifs.

Art. 66.

La durée du panage ne pourra excéder trois mois.

L'époque de l'ouverture en sera fixée chaque année par l'administration forestière.

Art. 67.

Quels que soient l'âge ou l'essence des bois, les usagers ne pourront exercer leurs droits de pâturage et de panage que dans les cantons défensables.

Art. 68.

L'administration forestière fixera, d'après les droits des usagers, le nombre des porcs qui pourront être mis en panage, et des bestiaux qui pourront être admis au pâturage.

Art. 69.

Chaque année, avant le 1ᵉʳ mars pour le pâturage, et un mois avant l'époque fixée par l'administration forestière pour l'ouverture du panage, les agents forestiers feront

connaître aux communes jouissant des droits
d'usage les cantons défensables, et le nombre
des bestiaux qui seront admis au pâturage
et au panage.

Les maires seront tenus d'en faire la publi-
cation dans les communes usagères.

Art. 70.

Les usagers ne pourront jouir de leurs
droits de pâturage et de panage que pour les
bestiaux à leur propre usage, et non pour
ceux dont ils font commerce, à peine d'une
amende double de celle qui est prononcée
par l'art. 199.

Art. 71.

Les chemins par lesquels les bestiaux
devront passer pour aller au pâturage et au
panage et en revenir, seront désignés par les
agents forestiers.

Si ces chemins traversent des taillis ou des
recrus de futaies non défensables, il pourra
être fait, à frais communs entre les usagers
et l'administration, et d'après l'indication
des agents forestiers, des fossés suffisamment
larges et profonds, ou toute autre clôture,
pour empêcher les bestiaux de s'introduire
dans les bois.

ART. 72.

Le troupeau de chaque commune ou section de commune devra être conduit par un ou plusieurs pâtres communs, choisis par l'autorité municipale : en conséquence, les habitants des communes usagères ne pourront ni conduire eux-mêmes ni faire conduire leurs bestiaux à garde séparée, sous peine de deux francs d'amende par tête de bétail.

Les porcs ou bestiaux de chaque commune ou section de commune usagère formeront un troupeau particulier et sans mélange de bestiaux d'une autre commune ou section, sous peine d'une amende de cinq à dix francs contre le pâtre, et d'un emprisonnement de cinq à dix jours en cas de récidive.

Les communes et sections de communes seront responsables des condamnations pécuniaires qui pourront être prononcées contre lesdits pâtres ou gardiens, tant pour les délits et contraventions prévus par le présent titre, que pour tous autres délits forestiers commis par eux pendant le temps de leur service et dans les limites du parcours.

Art. 73.

Les porcs et bestiaux seront marqués d'une marque spéciale.

Cette marque devra être différente pour chaque commune usagère.

Il y aura lieu, par chaque tête de porc ou de bétail non marqué, à une amende de trois francs.

Art. 75.

Les usagers mettront des clochettes au cou de tous les animaux admis au pâturage, sous peine de deux francs d'amende par chaque bête qui serait trouvée sans clochette dans les forêts.

Art. 76.

Lorsque les porcs et bestiaux des usagers seront trouvés hors des cantons déclarés défensables ou désignés pour le panage, ou hors des chemins indiqués pour s'y rendre, il y aura lieu contre le pâtre à une amende de trois à trente francs. En cas de récidive, le pâtre pourra être condamné en outre à un emprisonnement de cinq à quinze jours.

Art. 77.

Si les usagers introduisent au pâturage un

plus grand nombre de bestiaux, ou au panage un plus grand nombre de porcs que celui qui aura été fixé par l'administration conformément à l'art. 68, il y aura lieu, pour l'excédant, à l'application des peines prononcées par l'art. 199.

Art. 78.

Il est défendu à tous usagers, nonobstant tous titres et possessions contraires, de conduire ou faire conduire des chèvres, brebis ou moutons dans les forêts ou sur les terrains qui en dépendent, à peine, contre les propriétaires, d'une amende qui sera double de celle qui est prononcée par l'art. 199, et contre les pâtres ou bergers, de quinze francs d'amende. En cas de récidive, le pâtre sera condamné, outre l'amende, à un emprisonnement de cinq à quinze jours.

Art. 79.

Les usagers qui ont droit au ramage ne pourront exercer ce droit qu'après délivrance.

Art. 80.

Les usagers qui n'ont d'autre droit que celui de prendre le bois mort, sec et gisant, ne pourront, pour l'exercice de ce droit, se servir de crochets ou ferrements d'aucune espèce, sous peine de trois francs d'amende.

(Dans la forêt de Conches, les usagers jouissent du droit de ramage qui consiste à prendre 1° le bois sec en estant et en gisant, sauf les arbres secs en cime et racines qui demeurent réservés au propriétaire ; 2° le mort-bois vert ou sec, c'est-à-dire saule, mar-saule, épine, puisne, seur ou sureau, aulne, genet, genièvre et ronce. Les usagers ne doivent pas toucher aux autres essences de bois vert. Ils n'ont même pas le droit de couper des harts).

ART. 83.

Il est interdit aux usagers de vendre ou d'échanger les bois qui leur sont délivrés, et de les employer à aucune autre destination que celle pour laquelle le droit d'usage a été accordé.

Pour le bois de chauffage, la contravention donnera lieu à une amende de dix à cent francs.

ART. 85.

Les défenses prononcées par l'art. 57 sont

applicables à tous usagers quelconques, et sous les mêmes peines.

Art. 57.

Il est défendu aux adjudicataires de bois d'abattre, de ramasser ou d'emporter des glands, faînes ou autres fruits, semences ou productions des forêts, sous peine d'une amende double de celle qui est prononcée par l'art. 144.

Art. 118.

Les particuliers jouiront de la même manière que le Gouvernement, et sous les conditions déterminées par l'art. 63, de la faculté d'affranchir leurs forêts de tous droits d'usage en bois.

Art. 63.

Le Gouvernement pourra affranchir les forêts de l'Etat de tout droit d'usage en bois, moyennant un cantonnement qui sera réglé de gré à gré, et, en cas de contestation, par les tribunaux.

L'action en affranchissement d'usage par voie de cantonnement, n'appartiendra qu'au Gouvernement, et non aux usagers.

Art. 119.

Les droits de pâturage, parcours et panage dans les bois des particuliers, ne pourront être exercés que dans les parties de bois défensables et suivant l'état et la possibilité des forêts.

Les chemins par lesquels les bestiaux devront passer pour aller au pâturage et pour en revenir seront désignés par le propriétaire.

Art. 120.

Toutes les dispositions contenues dans les articles 66, 70, 72, 73, 75, 76, 78, 79, 80, 83 et 85, de la présente loi, sont applicables à l'exercice des droits d'usage dans les bois des particuliers, lesquels y exercent, à cet effet, les mêmes droits et la même surveillance, que les agents du Gouvernement dans les forêts soumises au régime forestier.

Art. 121.

En cas de contestation, entre le propriétaire et l'usager, il sera statué par les tribunaux.

Police et Conservation des Bois et Forêts

ART. 144.

Toute extraction ou enlèvement non autorisé de pierres, sable, minerai, terre ou gazon, tourbes, bruyères, genêts, herbages, feuilles vertes ou mortes, engrais existant sur le sol des forêts, glands, faînes et autres fruits ou semences des bois et forêts, donnera lieu à des amendes qui seront fixées ainsi qu'il suit :

Par charretée ou tombereau, de dix à trente francs, pour chaque bête attelée ;

Par chaque charge de bête de somme, de cinq à quinze francs ;

Par chaque charge d'homme, de deux à six francs.

(Les gardes pourront prendre l'herbe des sentiers de coupes et des lignes de chasse, seulement).

ART. 145.

Il n'est point dérogé au droit conféré à l'administration des ponts et chaussées d'indiquer les lieux où doivent être faites les extractions de matériaux pour les travaux sur les chemins et sur les routes; néanmoins les entrepreneurs seront tenus envers l'Etat, les communes et établissements publics, comme envers les particuliers, de payer toutes les indemnités de droit, et observer toutes les formes prescrites par les lois et règlements en cette matière.

Art. 146.

Quiconque sera trouvé dans les bois et forêts, hors des routes et chemins ordinaires, avec serpes, cognées, haches, scies et autres instruments de même nature, sera condamné à une amende de dix francs et à la confiscation desdits instruments.

Art. 147.

Ceux dont les voitures, bestiaux, animaux de charge ou de monture, seront trouvés dans les forêts, hors des routes et chemins ordinaires, seront condamnés, savoir :

Pour chaque voiture, à une amende de dix francs pour les bois de dix ans et au-dessus, et de vingt francs pour les bois au-dessous de cet âge;

Par chaque tête ou espèce de bestiaux non attelés, aux amendes fixées pour délit de pâturage par l'art. 199.

Le tout sans préjudice des dommages-intérêts.

Art. 149.

Tous usagers qui, en cas d'incendie, refuseront de porter des secours dans les bois soumis à leur droit d'usage, seront traduits en police correctionnelle, privés de ce droit pendant un an au moins et de cinq ans au plus, et condamnés en outre aux peines portées en l'art. 475 du Code pénal.

Art. 150.

Les propriétaires riverains des bois et forêts ne peuvent se prévaloir de l'art. 672 du Code civil pour l'élagage des lisières desdits bois et forêts, si ces arbres de lisière ont plus de trente ans.

Tout élagage qui serait exécuté sans l'autorisation des propriétaires des bois et forêts, donnera lieu à l'application des peines portées par l'art. 196.

Des Poursuites

Art. 161.

Les gardes sont autorisés à saisir les bestiaux trouvés en délit, et les instruments, voitures et attelages des délinquants, et à les mettre en séquestre. Ils suivront les objets enlevés par les délinquants jusque dans les lieux où ils auront été transportés, et les mettront également en séquestre.

Ils ne pourront néanmoins s'introduire dans les maisons, bâtiments, cours adjacentes et enclos, si ce n'est en présence, soit du juge de paix ou de son suppléant, soit du maire du lieu ou de son adjoint, soit du commissaire de police.

Art. 162.

Les fonctionnaires dénommés en l'article précédent ne pourront se refuser à accompagner sur le champ les gardes, lorsqu'ils en seront requis par eux pour assister à des perquisitions.

Ils seront tenus, en outre, de signer le procès-verbal du séquestre ou de la perquisition faite en leur présence; sauf au garde, en cas de refus de leur part, à en faire mention au procès-verbal.

Art. 163.

Les gardes arrêteront et conduiront devant

le juge de paix ou devant le maire tout inconnu qu'ils auront surpris en flagrant délit.

ART. 164.

Les agents et les gardes de l'administration des forêts ont le droit de requérir directement la force publique pour la répression des délits et contraventions en matière forestière, ainsi que pour la recherche et la saisie des bois coupés en délit, vendus ou achetés en fraude.

ART. 165.

Les gardes écriront eux-mêmes leurs procès-verbaux ; ils les signeront, et les affirmeront, au plus tard le lendemain de la clôture desdits procès-verbaux, par devant le juge de paix du canton ou l'un de ses suppléants, ou par devant le maire ou l'adjoint, soit de la commune de leur résidence, soit de celle où le délit a été commis ou constaté ; le tout sous peine de nullité.

ART. 167.

Dans le cas où le procès-verbal portera saisie, il en sera fait, aussitôt après l'affirmation, une expédition qui sera déposée dans les vingt-quatre heures au greffe de la justice de paix.

Art. 168.

Les juges de paix pourront donner main levée provisoire des objets saisis, à la charge du paiement des frais de séquestre, et moyennant une bonne et valable caution.

Art. 169.

Si les bestiaux saisis ne sont pas réclamés dans les cinq jours qui suivront le séquestre, le juge de paix en ordonnera la vente à l'enchère, au marché le plus voisin.

Art. 170.

Les procès-verbaux seront, sous peine de nullité, enregistrés dans les quatre jours qui suivront celui de l'affirmation.

Art. 174.

Les agents forestiers ont le droit d'exposer l'affaire devant le tribunal, et sont entendus à l'appui de leurs conclusions.

Art. 175.

Les délits ou contraventions en matière forestière seront prouvés, soit par procès-verbaux, soit par témoins à défaut de procès-verbaux, ou en cas d'insuffisance de ces actes.

Art. 176.

Les procès-verbaux revêtus de toutes les formalités prescrites par les articles 165 et 170, et qui sont dressés et signés par deux agents ou gardes forestiers, font preuve, jusqu'à inscription de faux, des faits matériels relatifs aux délits et contraventions qu'ils constatent, quelles que soient les condamnations auxquelles ces délits et contraventions peuvent donner lieu.

Il ne sera, en conséquence, admis aucune preuve outre ou contre le contenu de ces procès-verbaux, à moins qu'il n'existe une cause légale de récusation contre l'un des signataires.

Des Peines et Condamnations

Art. 192.

La coupe ou l'enlèvement d'arbres ayant deux décimètres de tour et au-dessus donnera lieu à des amendes qui seront déterminées dans les proportions suivantes, d'après l'essence et la circonférence de ces arbres.

Les arbres sont divisés en deux classes :

La première comprend les chênes, hêtres, charmes, ormes, frênes, érables, platanes, pins, sapins, mélèzes, chataigniers, noyers, alisiers, sorbiers, cormiers, merisiers, et autres arbres fruitiers.

La seconde se compose des aulnes, tilleuls, bouleaux, trembles, peupliers, saules et de toutes les espèces non comprises dans la première classe.

Si les arbres de la première classe ont deux décimètres de tour, l'amende sera d'un franc par chacun de ces deux décimètres, et s'accroîtra ensuite progressivement de dix centimes par chacun des autres décimètres.

Si les arbres de la seconde classe ont deux décimètres de tour, l'amende sera de cinquante centimes par chacun de ces deux décimètres, et s'accroîtra ensuite progressivement de cinq centimes par chacun des autres décimètres.

La circonférence sera mesurée à un mètre du sol.

ART. 193.

Si les arbres auxquels s'applique le tarif

établi par l'article précédent, ont été enlevés et façonnés, le tour en sera mesuré sur la souche ; et si la souche a été également enlevée, le tour sera calculé dans la porportion d'un cinquième en sus de la dimension totale des quatre faces de l'arbre équarri.

Lorsque l'arbre et la souche auront disparu, l'amende sera calculée suivant la grosseur de l'arbre arbitrée par le tribunal d'après les documents du procès.

Art. 194.

L'amende, pour coupe ou enlèvement de bois qui n'auront pas deux décimètres de tour, sera, pour chaque charretée, de dix francs par bête attelée, de cinq francs par chaque charge de bête de somme, et de deux francs par fagot, fouée ou charge d'homme.

S'il s'agit d'arbres semés ou plantés dans les forêts depuis moins de cinq ans, la peine sera d'une amende de trois francs par chaque arbre, quelle qu'en soit la grosseur, et, en outre, d'un emprisonnement de six à quinze jours.

Art. 195.

Quiconque arrachera des plants dans les bois et forêts sera puni d'une amende qui ne pourra être moindre de dix francs, ni excéder trois cents francs; et, si le délit a été commis dans un semis ou plantation exécutés de main d'homme, il sera prononcé, en outre, un emprisonnement de quinze jours à un mois.

Art. 196.

Ceux qui, dans les bois et forêts, auront éhoupé, écorcé ou mutilé des arbres, ou qui en auront coupé les principales branches, seront punis comme s'ils les avaient abattus par le pied.

Art. 197.

Quiconque enlèvera des chablis et bois de délit sera condamné aux mêmes amendes et restitutions que s'il les avait abattus sur pied.

Art. 198.

Dans le cas d'enlèvement frauduleux de bois et d'autres productions du sol des forêts, il y aura toujours lieu, outre les amendes, à la restitution des objets enlevés ou de leur valeur, et de plus, selon les circonstances, à des dommages-intérêts.

Les scies, haches, serpes, cognées et autres instruments de même nature dont les délin-

quants et leurs complices seront trouvés
munis, seront confisqués.

Art. 199.

Le propriétaire d'animaux trouvés de jour
en délit dans les bois de dix ans et au-dessus
sera condamné à une amende de :

Un franc pour un cochon,

Deux francs pour une bête à laine,

Trois francs pour un cheval ou autre bête
de somme,

Quatre francs pour une chèvre,

Cinq francs pour un bœuf, une vache ou
un veau.

L'amende sera double si les bois ont moins
de dix ans; sans préjudice, s'il y a lieu, des
dommages-intérêts.

Art. 200.

Dans les cas de récidive, la peine sera
toujours doublée.

Il y a récidive lorsque, dans les douze
mois précédents, il a été rendu contre le
délinquant ou contrevenant un premier
jugement pour délit ou contravention en
matière forestière.

Art. 201.

Les peines seront également doublées, lorsque les délits ou contraventions auront été commis la nuit, ou que les délinquants auront fait usage de la scie pour couper les arbres sur pied.

Art. 202.

Dans tous les cas où il y aura lieu à adjuger des dommages-intérêts, ils ne pourront être inférieurs à l'amende simple prononcée par le jugement.

Art. 204.

Les restitutions et dommages-intérêts appartiennent au propriétaire ; les amendes et confiscations appartiennent toujours à l'Etat.

Art. 206.

Les maris, pères, mères et tuteurs, et en général tous maîtres et commettants, seront civilement responsables des délits et contraventions commis par leurs femmes, enfants mineurs et pupilles, demeurant avec eux et non mariés, ouvriers, voituriers et autres subordonnés, sauf tout recours de droit.

Cette responsabilité sera réglée conformément au paragraphe dernier de l'art. 1384 du Code civil, et s'étendra aux restitutions, dommages-intérêts et frais ; sans pouvoir toutefois donner lieu à la contrainte par corps, si ce n'est dans le cas prévu par l'art. 46.

www.ingramcontent.com/pod-product-compliance
Ingram Content Group UK Ltd.
Pitfield, Milton Keynes, MK11 3LW, UK
UKHW020107100726
13658UKWH00005B/2012